Ingolf Kern · Werner Möller
Kitty Kahane

Alles Bauhaus?

Eine fantastische Zeitreise mit Mia und Lucas

Carl Hanser Verlag

Bernau

ADGB BUNDESSCHULE 1928 - 1930

52°42'23.50"N, 13°32'38.49"O

Dessau

SIEDLUNG DESSAU-TÖRTEN 1926 - 1928

51°50'3"N, 12°14'45"O

Dessau

LAUBENGANGHÄUSER DESSAU 1930

51°50'3"N, 12°14'45"O

Weimar

BAUHAUSAUSSTELLUNG 1923

50°59'N, 11°20'O

Löbau

HAUS SCHMINKE 1932 - 1933

51°6'1,4"N, 14°39'33,9"O

Inhalt

Der Brief aus Amerika

Es könnte sein, dass Lucas eine Freundin hat. Mia ist sich nicht ganz sicher, aber ihr Bruder hat sich zu Weihnachten Hanteln gewünscht, stylt seine wuscheligen Haare und übt auf seiner neuen E-Gitarre. Und irgendwie schreibt er dauernd WhatsApp-Nachrichten mit Herzchen und so. Mia hat alles im Blick. So wie ältere Schwestern das eben tun. Sie weiß gut Bescheid und auch immer alles besser. Sie liest mehr als ihr kleiner Bruder. Auch Sachen, die sie eigentlich nichts angehen. Mia ist neugierig. Deshalb wusste sie auch als erste in der Familie, dass der Postbote einen Brief aus Amerika in den Briefkasten ihres Hauses im Frankfurter Westend gesteckt hat. Mia bleibt nichts verborgen, was bei der Villa mit den großen Fenstern, wo jeder von der Straße durch das Wohn- und Kaminzimmer bis in den Garten schauen kann, auch kein Wunder ist.
Sie hat den Brief in die Taschen ihres Kapuzenpullis gesteckt und sich mit ihrem Lieblingsbuch in den Garten gesetzt. Es ist zwar erst Anfang März, aber die Sonne wärmt ungemein. Mia wird von einem leichten Rütteln geweckt. Ihr Vater steht vor ihr. Im Dreiteiler, der immer ein wenig nach Büro riecht.
»Na, kleine Dame, bist du eingeschlafen?«, fragt der Vater und legt zwei dicke Aktenordner auf den Rasen.
»Ja«, antwortet Mia mürrisch und blickt verächtlich auf die Aktenordner. Aktenordner bedeuten späte Arbeit und mal wieder Zement, Zement, Zement. Eigentlich geht und ging es in ihrer Familie nie um etwas anderes: »Rosenstein-Zement – anerkannt & bewährt!« Ein riesiges Emailleschild mit diesem Spruch hängt in der Garderobe ihres Hauses. Mia fand das Schild immer blöd, weil darauf kleine Männchen zu sehen sind, die riesige Zementsäcke schleppen. Dabei sieht jeder, dass diese Säcke viel zu schwer für die Männchen sind.
Ihr Vater liebt dieses Schild und er hat ihr oft erzählt, dass sie in dieser

ROSENSTEIN
ZEMENT
ANERKANNT & BEWÄHRT

Familie immer ihr Brot mit Zement verdient haben. Ihr Vater, ihr Großvater und vor allem ihr Urgroßvater Josef, den sie alle immer nur Joschi nannten und der die Firma 1922 von seinem Vater, ihrem Ururgroßvater übernommen hatte. Das ist alles so lange her und Mia hat sich die dicken schweren Fotoalben nie wirklich gern angesehen, weil sie die alten Geschichten dazu schon hundertmal gehört hat. Und doch war in den Gesichtern ihrer Vorfahren immer dieser weiche warme Blick. Das ist ihr aufgefallen. Den mag sie auch bei ihrem Papa so gern. Der umarmt sie jetzt erst mal und hört etwas in ihrer Tasche knistern.

»Mächtig geheim?«, will er wissen.

»Gar nicht. Ein Brief aus Amerika«, antwortet Mia.

Lucas kommt in den Garten gerannt. »Ein Brief aus Amerika? Von wem?«

Papa hat den Umschlag geöffnet. Ihr Großvater lädt die Familie zu seinem 80. Geburtstag nach Chicago ein. Mia und Lucas hüpfen vor Freude durch den Garten. Sie wissen, dass ihr Opa viel moderner wohnt als sie. In einem coolen Wolkenkratzer mit Seeblick. Haben sie gehört und auf Fotos gesehen.

Anderthalb Monate später ist es so weit. Nach knapp zehn Stunden Flug und einem kurzen Stopp im Hotel stehen sie alle geschniegelt und gebü-

gelt vor den Lake Shore Drive Apartments. Zwei Hochhäuser aus Glas, Stahl und Aluminium. Elegant findet Mia diese Türme. Vor allem diese schwarz-graue Rechenkästchenfassade. Lucas faszinieren vielmehr die T-förmigen Stahlträger auf der Fassade. Sie erinnern ihn irgendwie an Eisenbahnschienen. Nur, dass sie hier schnurgerade senkrecht in den Himmel schießen.
»Schon schräg«, sagt er mit einem Pfiff zu Mia. Einig sind sich beide, dass die Hochhäuser geradezu leicht wirken. Und dann natürlich noch direkt am Michigansee. So möchte man wohnen!
Die Familie fährt mit dem Fahrstuhl in die 26. Etage des Wolkenkratzers, wo Großvater Ludwig schon an der Tür steht. Er trägt einen tiefschwarzen, leicht glänzenden Anzug mit weißem Einstecktuch und schwarzer Krawatte. Seine grauen Haare fallen ihm bis auf die Schulter. Hinter einer kreisrunden Brille blicken gütige Augen auf seine Enkel.
»Na, das seid ihr ja. Kommt rein!«
Den Kindern fallen gleich die großen Fenster mit ihren super-coolen Aluminiumrahmen auf, die bis zum Boden reichen und durch die man einen herrlichen Blick auf den See hat. Alles andere ist hier nur schwarz oder weiß bis auf den senffarbenen Teppich: schwarzes Linoleum, weiße Wände, weiße Sessel, schwarze Schränke, graue Tische, weiße Porzellanvasen. Und dann mittendrin das Emailleschild mit den Sack-Männchen: »Rosenstein-Zement – anerkannt & bewährt!«
Mia verdreht die Augen: »Oh no!«
Im Wohnzimmer sitzen lauter weißhaarige Menschen auf weißen Sofas und mittendrin Oma Dana. Wie früher bei wichtigen Verhandlungen im Geschäft unterhält sie sich mit allen gleichzeitig und lenkt unbemerkt die Gespräche. Dabei fließt Englisches ins Deutsche – und umgekehrt. Sie hebt kurz die Arme und winkt den drei Neuankömmlingen aus Frankfurt zu: »Hallo, wonderful, dass ihr da seid!«, ruft sie und taucht gleich wieder in ihre Gespräche ein.

Mia und Lucas wissen nicht so recht, was sie hier sollen. Total langweilig. Sie schnappen sich eine dieser italienischen Limonaden, die man in Chicago an jeder Straßenecke trinkt, und erkunden das Apartment, das Lucas »stylish und edel« findet. Im Schlafzimmer entdecken sie unter einer schmalen Liege mit gestreifter Decke einen großen, alten Reisekoffer aus dunklem Büffelleder mit verschließbaren Riemen. Vor allem Mia ist viel zu neugierig, um nicht hineinzuschauen.

Sie klappen den Koffer auf und finden auf der Innenseite einen halb abgerissenen Werbeaufkleber mit alter Schrift »Frankfurter Hof – immer eine gute Adresse«.

Die Kinder kommen sich vor, als hätten sie einen Schatz gefunden!

Schwarz-Weiß-Postkarten liegen darin, ein alter Lichtschalter, ein Päckchen Reisnudeln, ein verrostetes Ventil, eine Uhr, eine knallrote Krawatte, ein Pelzmuff mit Mottenkugeln, mehrere Tapetenmuster und Holzstückchen, ein Zigarrenstummel. Was hat das nur alles zu bedeuten?

Wie wohnen alte Leute?

Die Kinder blicken sich verwundert an. Besonders ein Stapel tellergroßer, flacher Aludosen fesselt Lucas' Neugier; die Dosen haben auffällig dicke Wülste und Rillen an den Deckeln. Das sind Filmdosen! Aber wie kann man diese Filme nur abspielen?

Mia hingegen ist von der Kladde mit Tapetenmustern fasziniert. Sie mag den Rhythmus ihrer Muster aus feinen wellenförmigen Linien und die unterschiedlichen Farben der Blätter von warmem Ocker bis kühlem Türkis. Auch gibt es Buchstaben mit Nummern und kaufmännische Berechnungen zu den Mustern. Da muss doch ein System dahinterstecken, erahnt sie und beginnt zu tüfteln. Auch ein Logo liegt bei. Das findet sie besonders cool: Ein abstraktes Gesicht aus wenigen eckigen Linien in einem Kreis mit den Wörtern »bauhaus dessau« drum herum.

Auf einmal stupst Lucas sie mit dem Ellenbogen in die Seite: »Das ist

Frankfurter Hof
immer eine gute
Adresse
1. BAU
WEIMAR
JULI-SEPT
1923
Anker
Kommt, ihr Kinder,
helft im Chor: „Anker"
zieh'n wir allen vor!
Bauhaus

bestimmt Opas ganz, ganz private Kiste. Das ist peinlich. Hier hätten wir bestimmt nicht reinschauen dürfen.« Und er zeigt ihr den Aufkleber auf dem Deckel der obersten Filmdose: Fröhlich winkend schaut eine Reihe älterer Leute auf Balkonen nach oben in die Kamera. Darüber steht dick und fett in weißer Schrift auf schwarzem Grund »Wo wohnen alte Leute?«.
Die Kinder sind so beschäftigt, dass sie ihren Großvater gar nicht bemerkt haben, der schon seit Minuten im Türrahmen steht und die beiden amüsiert beobachtet. Er ist überhaupt nicht böse, dass sie herumgeschnüffelt haben. Im Gegenteil.
»Ja, Kinder, das ist sie, meine Schatztruhe. Sie hat mich lange begleitet. Und sie hat viel mit unserer Familie zu tun. Wenn ihr Lust habt, erzähle ich euch morgen, was es mit den Dingen auf sich hat und welche Geschichte sich dahinter verbirgt.«
Und schon ist er wieder zu Oma und den weißhaarigen Menschen auf den weißen Sofas verschwunden, um sie zu verabschieden.
Mia und Lucas nehmen ihren Großvater beim Wort und verteilen den ganzen Inhalt des Koffers fein säuberlich auf dem Boden.
Da ruft ihr Vater durch die Tür: »Kommt, lasst uns doch kurz mit Opa besprechen, was wir die nächsten Tage in Chicago alles tun wollen.«
Als er die Dinge auf dem Boden sieht, entfährt ihm ein Seufzen und er lächelt. Den Koffer gibt es also immer noch ... Nur zu gut kennt er ihn aus seiner eigenen Jugend von seinem Großvater Joschi, dem Urgroßvater von Mia und Lucas, den die beiden nicht mehr kennengelernt haben. Es waren schon spannende Geschichten ... Aber Joschi konnte einfach nie aufhören zu erzählen. Wenn er einmal richtig in Fahrt war, merkte er nicht, wann es allen zu viel wurde. Und er sammelte immer mehr Dinge für den Koffer.
»Papa, wir wollen in das Museum, wo man Tornados und Tsunamis erleben kann.« Das hatten sie auf YouTube entdeckt. Und tatsächlich ist das Museum of Science and Industry ein einziges Museum zum Mitmachen.

Lucas hatte auf der Webseite eine riesige Eisenbahnabteilung entdeckt und Mia irgendwas über die Energie von morgen gelesen. Dieses Museum muss riesig sein!
»Und für morgen, an seinem Geburtstag, hat Opa uns versprochen, von seinen Schätzen zu erzählen«, freut sich Lucas.
Ihren Vater interessiert das Museum auch sehr, zum Koffer schweigt er.
»Georg, Kinder«, sagt der Opa scherzhaft zu allen dreien, »eure Reise war lang, um acht wird es hier dunkel und auch ich werde bestimmt bald müde. Lasst uns doch morgen besprechen, was wir machen wollen. Jetzt bringe ich euch noch zum Hotel.«
Opa ruft ein Taxi, ein Yellow Cab. Lucas hätte zwar lieber die Hochbahn genommen. Aber als er im Auto sitzt, faszinieren ihn die Lichter der Stadt, die Reklamen. Echt amerikanisch, so wie im Film. Nur, dass ich jetzt mittendrin bin, denkt Lucas. Mia staunt über das präzise rechtwinklige System der Straßenzüge und fragt Opa: »Ist das in ganz Chicago so?«
»Ja. Deswegen auch der Spitzname ›Windy City‹ weil es hier dauernd zieht.«
Mia pfeift anerkennend: »Ganz schön clever geplant!«
»Ja, sehr effizient und modern. Kann aber unendlich langweilen«, erwidert Opa.
Ups. Wieso sagt Opa das? Wo er doch selbst in so einem hypermodernen Rasterhaus lebt, in dem sich alles immer und immer wieder rechtwinklig wiederholt.
Das Taxi stoppt vor dem Hotel. Lucas kommt aus dem Schwärmen nicht mehr heraus. Die reich verzierte Fassade hebt sich im violetten Scheinwerferlicht ganz von den anderen Hochhäusern ab. Es ist auf einmal alles ganz anders cool als in Opas coolem Hochhaus. Auch innen: Hinter dem Empfang liegt ein Innenhof mit runden Bögen über mehrere Geschosse, der in leuchtend blaues Licht getaucht ist. Die Kinder fühlen sich wie in ein Märchen aus Tausendundeiner Nacht versetzt.

HOTEL

Nachdem sich Opa verabschiedet hat, geht es gleich in das Restaurant des Hotels. Bei deftigen, für Chicago typischen Deep-Dish-Pizzen mit hohem Teigrand und Unmengen von Käse und Tomaten, macht sich Müdigkeit breit. Die Reise war lang. Ab in die Zimmer! Wow, der Plüsch. Die farbigen Stoffbezüge. Das große Boxbett mitten im Raum. Das war ihnen bei der kurzen Ankunft nach dem Flug überhaupt nicht so aufgefallen.

Beim Einschlafen tauchen Mia und Lucas gleich in ihre Träume ab und Opas Koffer kehrt wieder zurück. Mia fügt nach Farben, Mustern und Nummern wohlsortiert die Tapetenblätter in das Raster des Stadtplans von Chicago und tapeziert damit ihr Zimmer in Frankfurt neu. Und bei Lucas schießen die Filmdosen wie Pilze aus dem Boden, türmen sich zu riesigen Hochhäusern mit tiefen Straßenschluchten auf. Ihr Vater Georg schnarcht unter seinem Reiseführer.

Einmal 16 Millimeter – Die Aludosen

Am Morgen gibt es leckere Pancakes, die amerikanischen Eierkuchen, zum Frühstück, bevor Opa sie abholt. Mia und Lucas schwelgen noch etwas in ihren Träumen, aber sie sind sehr gut drauf. Nur ihr Vater ist irgendwie muffelig.
Einsilbig sagt er: »Jetlag. Die Zeitverschiebung. Beim Rückflug wird es noch schlimmer.«
Mia und Lucas lassen ihren Vater in Ruhe. Sind nicht traurig darüber. So haben sie heute mehr ungestörte Zeit für Opa und den Koffer, an den sie dauernd denken müssen.
Bei Opa angekommen, bemerken die Kinder sofort eine Veränderung: In dem großen Zimmer sind die Jalousien heruntergelassen. Vor einer Leinwand ist auf einem Tisch ein merkwürdiger Kasten mit zwei auskragenden Armen und einem Objektiv aufgebaut. Sie schauen sich etwas ratlos an.
Opa hat wieder sein Lächeln in den Augen und den etwas belehrenden Tonfall: »Ja, ich weiß, ihr schaut euch heute Filme über DVDs oder auf Netflix an. Mit Filmprojektoren habt ihr nichts mehr am Hut.

Aber damals, als euer Urgroßvater Joschi unsere Zementfabrik wieder richtig in Schwung gebracht hatte, waren Filmkameras mit nur 16 Millimeter breiten Rollen absolut modern. Erstmals konnten Filme spontan und frei aus der Hand gedreht werden. Ganz ohne schweres Stativ und ohne Studio.«

Opa öffnet die beiden Spanngurte des Aludosenturms und holt aus der obersten Dose die erste Filmrolle. Die Kinder sind fasziniert, wie sicher Opa den dünnen Filmstreifen durch die ganzen kleinen Röllchen in den Projektor einfädelt.

Mit hörbarem Knattern startet der Film. Die Bilder hüpfen auf und ab. Weiße Löcher huschen wie Schneeflocken über den schwarzen Hintergrund mit dem Titel des Films »Wo wohnen alte Leute?«. Die Kamerafahrt startet aus der Luft über die verwinkelten Dächer der Altstadt von Frankfurt und taucht in die engen, noch verwinkelteren Straßen und Höfe ein. Häuser, Straßenbahnen, alte Leute bewegen sich durch den Film. Die Worte »dort« und »LÄRM!« blitzen auf.

Mia und Lucas gähnen etwas. Irgendwie langweilig. Und dann auch noch in Schwarz-Weiß ...

Auf einmal – wie ein UFO – landet in dem Film die Grafik von einem lang gestreckten Gebäude mit flachen Dächern, das aussieht wie ein supergroßes »H«. Oben drüber steht megafett »ALTERSHEIM«. Drum herum

blenden sich nach links und rechts etwas zarter die Worte »GRÜNFLÄCHEN« und wieder megafett unten drunter »UND RUHE« ein.

Was passiert jetzt?, fragen sich Mia und Lucas.

Die Kamera verlässt die dunkle und laute alte Stadt und taucht in etwas ganz anderes ein. Alles ist auf einmal so hell, weniger Stein, mehr Himmel und Glas, mehr Licht und überall Pflanzen. Aber wo sind die Menschen? Und dann auf einmal eine Zeichnung eines Raumschemas, wie die Zimmer und Wege im Gebäude erschlossen werden. Puh, wie in der Schule bei seiner langweiligen Mathelehrerin, denkt Lucas. Alles muss logisch sein, muss genau Schritt für Schritt erklärt werden...

Plötzlich fährt ein Taxi vor. Lucas erkennt es an dem umlaufenden

Streifen mit den schwarz-weißen Rechtecken auf der Karosserie. Wie das Yellow Cab von gestern Abend, denkt er. Und dann: Cut – die Kamera zeigt fröhliche Rentner, einen Hocker, einen Blumentopf. Eine Begrüßungszeremonie. Jemand Neues zieht in das Heim.

Opa stoppt den Projektor: »Ja, das Henry-und-Emma-Budge-Heim war damals eines der modernsten Altenheime der Welt. Bei euch in Frankfurt um die Ecke. Das Geld kam übrigens aus Amerika! Der Leiter der Bank, bei der auch Eure Ururgroßeltern ihr Konto hatten, war vor gut 150 Jahren nach New York ausgewandert. Er, Henry Budge, und seine Frau Emma gründeten eine wohltätige Stiftung für ein Erholungsheim in Frankfurt. Sie wollten Menschen in ihrer Heimat, die nicht so viel Glück wie sie gehabt hatten, helfen. Das war damals nicht unüblich, aber ungewöhnlich war, dass in dem Heim Menschen jüdischen und christlichen Glaubens wohnen sollten. Kurz vor dem Tod von Henry wurde diese Idee mit diesem Haus tatsächlich Wirklichkeit!«

Dann rattert der Film weiter.

»Oh! Schaut mal die Uhr, die Ziffern und Zeiger schweben einfach so in der Luft!«, ruft Mia aus. »Du Opa, war das Haus auch so schwarz-weiß und grau wie die Bilder?«

»Nein, ich erinnere mich neben dem Weiß an ein wahnsinniges Rot, ein Blau wie Lavendel und ein Gelb wie Vanille. Alles strahlte so eine jugendliche, frische und fröhliche Atmosphäre aus. Das soll auch heute nach

der Sanierung wieder so sein. Das könnt ihr euch in Frankfurt selbst anschauen.«

Mittlerweile ist die Aufmerksamkeit der Kinder ganz von dem Speisesaal des Gebäudes gefangen. Mit wenigen Handgriffen werden Wände hin- und hergeschoben und aus der Kantine entsteht ein großer Festsaal. Und dann die Bilder von der Großküche mit den riesigen Töpfen und Geräten, den Unmengen an gestapeltem Geschirr und Essen für mehr als

100 Leute! Ob es in ihrer Schulkantine auch so aussieht? So zugeht? Aber dort kommt das Essen auf Rädern aus einer fernen Küche.
»Da, wieder so eine schwebende Uhr neben dem Gong!« Mia ist begeistert von dieser Uhr. Und dann rauscht ein Teewagen nach dem anderen mit metallischem Geschirr durch einen Flur zu den Wohnräumen der Bewohner.
Die Kamera im Film zoomt auf einen alten Schrank, der in einem modernen Zimmer steht. »Das gehörte zum Konzept des Hauses!«, erklärt Opa. »In jedem der Zimmer gab es einen elektrischen Wasserkocher, ein Waschbecken und eine Bettnische. Den Rest an lieb gewonnenen Möbeln und Dingen konnten die Bewohner aus ihren alten Wohnungen mitbringen. Sie sollten sich auch hier in dem ganz modernen Haus so wie vorher ganz zu Hause fühlen.«
Ein Lachen geht durch die Runde: In der letzten Sequenz des Films verabschieden sich die alten Leute wie eine überglückliche Großfamilie und winken fröhlich den Zuschauern. Mit lautem Knattern laufen die letzten Zentimeter des Films durch den Projektor und Opa lässt wieder Licht in das Zimmer. Erst jetzt sehen sie, dass es geregnet hat.

Verrückte Uhren, Sport Peppers und Black Fridays

Die dunklen Wolken über dem See haben sich verzogen. Mia verspürt leichten Hunger. Bei der Filmvorführung hat sie etwas das Gefühl von Zeit verloren und schaut auf die Uhr, die bei ihrem Großvater an der Wand zur Küche hängt. Schon wieder so eine verrückte Uhr wie in dem Altenheim, denkt Mia, als sie die Uhr etwas genauer betrachtet. Zwar schweben hier nicht die Zeiger und Ziffern auf einer Glasplatte frei im Raum wie in dem Film. Aber dafür sind die Zahlen und Zeiger ganz auffällig in zwei eigene Kreise aufgeteilt: Die Minuten befinden sich ganz außen auf dem großen Kreis und innen, auf dem kleineren Kreis, die Stunden. Mia versteht nicht so ganz das System. Warum bloß sind die Minuten bei dieser Uhr so extrem wichtig? Ich will doch zuerst wissen, wie spät es ist, und nicht, wie die Minuten Stunde für Stunde ihre Runden drehen. »Mia, ist etwas?«, spricht Opa sie an.

»Ja, diese komische Uhr ...«, beginnt Mia.

»Du hast ganz recht, diese Uhr ist schon etwas besonders«, hakt Opa sofort ein. »Joschi und ich haben sie nach dem Krieg von unserer Reise

durch Deutschland mitgebracht. Uns hatte ein ehemaliger Bauhausstudent nach Ulm eingeladen. Max Bill hieß er. Er hatte dort auf dem Kuhberg eine ganz moderne Hochschule für Gestaltung gegründet. Auch das Schulgebäude hatte Max selbst entworfen. Beides wollte er uns ganz stolz zeigen. Die Schule seht ihr auf dem Foto unter der Uhr. Joschi kannte Max von seinem Besuch am Bauhaus in Dessau Ende der 1920er Jahre. In Ulm wollte Max noch moderner und noch klarer in der Gestaltung sein. Dabei entstand auch diese Uhr. Sie wurde speziell für die Küche entwickelt, wo beim Kochen die Minuten meist entscheidender sind als die Stunden. Zum Beispiel beim Eierkochen. Deswegen sollte man die Minuten auf der Uhr auch ganz schnell als Allererstes sehen können.«
Ah! Clever! Aber der Timer im Handy ist schon praktischer als eine Uhr an der Wand, denkt Mia.
»Kinder, wollen wir jetzt raus? Habt ihr Hunger?«, wechselt Opa das Thema. »Wie wär's mit ein paar Chicago Style Hot Dogs? Gleich um die Ecke gibt es die Echten von Portillos.«
Hot Dogs, lecker, denkt Lucas, tausendmal besser als zu Hause die ollen Frankfurter Würstchen mit Senf und Kartoffelsalat.
Mia fragt gleich zurück: »Was sind denn die Echten?«
»Kurz gesagt, mit Tomate, aber ohne Ketchup!«, kontert Opa. Er mag Mias typische Art, alles skeptisch zu hinterfragen. »Die Hot Dogs sind berühmt! Sie sind eine kinoreife Geschichte vom American Dream. Die armen Portillos stiegen mit dieser Idee 1963 von einer ganz kleinen Imbissbude zu einem riesigen Hot-Dog-Imperium von hier bis New York auf. Kommt schon, lasst uns losgehen, bevor es wieder regnet.«
Wie fit ihr Opa immer noch ist! Und wie gern er von spannenden Dingen erzählt, die auch mit ihnen selbst und ihrer Heimat zu tun haben.
Auch wenn alles anscheinend so lange zurückliegt.
Und prompt fällt ihm wieder etwas ein. »Wisst ihr, dieses Altersheim hat einiges mit unserer Familie zu tun. Und auch die Filmdosen! Die

Architekten des Gebäudes waren ein junger Niederländer und ein Schweizer. Der erste, Mart Stam, stand eng in Kontakt mit unserem Joschi«, erläutert der Großvater, »und die Filmemacherin, Ella Bergmann-Michel, war eine junge, super-engagierte Künstlerin, die auch öfters bei Joschi vorbeigeschaut hat. Noch fünf weitere Filme von ihr liegen in dem Stapel. Aber die schauen wir uns heute nicht mehr an. Joschi hatte den Auftrag, die Architekten bei dem Baumaterial für das Altersheim zu beraten. Mart Stam kam mit der tollen Idee, alles – genau wie die Hochhäuser hier – als Stahlskelett zu bauen. Innen sollte das ganze Gebäude, wie der Speisesaal im Film, immer wieder umgebaut werden können. Joschi riet ihm davon ab, weil das damals in Frankfurt viel, viel zu teuer geworden wäre und das Geld sehr, sehr knapp war. So wurde dann nur der kurze Mitteltrakt mit der Eingangshalle und dem Speisesaal als Stahlskelett gebaut und die vielen kleineren Wohnräume der Bewohner aus den üblichen starren Backsteinen.«

Plötzlich öffnet sich zwischen den Hochhäusern der Himmel und sie stehen vor einem recht neuen zweigeschossigen Backsteinbau.

»Wir sind da!«, sagt Opa.

Innen sieht es aus wie bei einem American Diner, so wie es Mia und Lucas schon von zu Hause kennen. Aber hui, die Chicago Style Hot Dogs haben es mit den »Sport Peppers« obendrauf ganz schön in sich. Wie die hinterhältig scharfen mexikanischen Jalapeños, denkt Lucas. Als keiner guckt, verschwinden seine »Sport Peppers« heimlich in der Serviette.
Opa ist jetzt ganz in seinem Element. Beim Essen erzählt er: »Was Joschi wohl alles durchgemacht haben muss, als er die Leitung unserer Firma

übernehmen musste. Es war die Zeit nach dem Ersten Weltkrieg und der großen Inflation. Kurz vor Weihnachten 1923 kostete auf dem Markt in Frankfurt ein einziges Ei 320 Milliarden Reichsmark. Was man da für eine neue Wohnung, ein neues Haus bezahlen musste, brauche ich euch ja nicht vorzurechnen.«

Mia wird ganz blass. Diese Zahlen übersteigen ihr Fassungsvermögen.

»Danach wurde es zwar kurz etwas besser. Aber schon am 25. Oktober 1929 gab es den Black Friday.«

Lucas lächelt. Hatte er doch am letzten Black Friday saugünstig seinen neuen Kapuzenpullover erstanden, den er gerade trägt.

Opa klärt ihn auf: »Nein, das war damals kein Super-Schnäppchen-Tag. Erstmals brach an dem Tag die New Yorker Börse und die ganze Weltwirtschaft zusammen. Abermillionen von Menschen weltweit wurden arbeits- und wohnungslos. Das war wirklich verheerend. Und vielleicht hätte es ohne diese Krise auch nicht den Zweiten Weltkrieg gegeben und wir wären jetzt nicht hier«, erzählt Opa mit versunkenem Blick.

Von Rohren, Gurten und der edlen Baukunst

Nach Opas strenger Lektion über den Black Friday kommt sich Lucas ein wenig wie in der Schule vor. Er rutscht verlegen auf seinem Stuhl hin und her und steckt die Hände in die kuschelige Kängurutasche seines neuen Kapuzenpullovers. Mein Gott, woher sollte er jetzt auch schon wissen, was der Black Friday für Opa bedeutet. Seine Finger greifen nach einem runden Metallstück in seiner Tasche. Während sie den Film mit Opa angeschaut hatten, hatte er dieses fingergroße, um 90 Grad gebogene Stück Metallrohr in seiner Hand hin- und hergedreht. Es lag auch in dem Koffer und er muss es ohne nachzudenken in seine Kängurutasche gesteckt haben. Hoffentlich merkt das keiner ...

»Du, Opa«, fragt er, während sie ihre Tabletts nach dem Essen zurückbringen, »was hat es denn mit dem gebogenen Metallrohr in dem Koffer auf sich? Warum hebt man so etwas überhaupt auf?«

Opas Augen leuchten wieder: »Kommt, lasst uns zurückgehen, das

ist eine Gasrohrmuffe und eine ganz andere Geschichte. Dazu gibt es auch noch mehr, noch andere Dinge im Koffer und in meiner Wohnung.«

Auf dem Weg zurück knüpft er nun wieder ganz locker an das vorherige Gespräch an: »Ja, das war eine extrem schwere Zeit. Aber die Architekten, die Künstler und auch Joschi mit unserer Zementfabrik strengten sich voller Freude an, um mit der neuen Technik und den neuen Materialien Lösungen für die Probleme und Sorgen aller Menschen – auch der armen – zu finden. In ihrer Begeisterung wollten sie gleich eine ganz neue Welt erfinden und gestalten.«

Als sie wieder in das Apartment mit seiner grandiosen Aussicht zurückkehren, sitzt ihr Vater auf dem Sofa und trinkt einen doppelten Espresso macchiato. »Kinder«, sagt er mit lustig zerzausten Haaren und noch immer tiefen Ringen um die Augen, »ihr seid ja voll mit Opa beschäftigt. Wenn nichts dagegen spricht, mache ich jetzt alleine einen kleinen Spaziergang an den Chicago River und die Häfen der New East Side.«

Natürlich hat niemand einen Einwand. Lucas will nur noch unbemerkt die Muffe des Gasrohrs wieder zu den anderen Dingen aus dem Koffer legen ...

»Du, Opa, nun sag schon, was hat es mit dieser komischen Muffe auf sich?«, wirft Mia ein. »Wo ist sie überhaupt?«

»Hier«, sagt Lucas, »auf dem Tisch beim Projektor liegt sie!« Sichtlich erleichtert, hält er die Muffe hoch.

»Ach so, so eine Verbindung von Rohren, die um die Ecke gehen«, kommt es Mia etwas enttäuscht über die Lippen.

»Schaut mal hier!«, ruft Opa und holt einen Stuhl aus der Ecke hervor. Das ganze Gestell des Stuhls besteht nur aus Gasrohren und solchen Muffen und hat statt der Hinterbeine unten eine Kufe auf dem Boden. Der Sitz und die Lehne sind mit groben Transportgurten wie von einer Umzugsfirma bespannt.

Mia rutscht es spontan heraus: »Puh, der ist aber hässlich!«

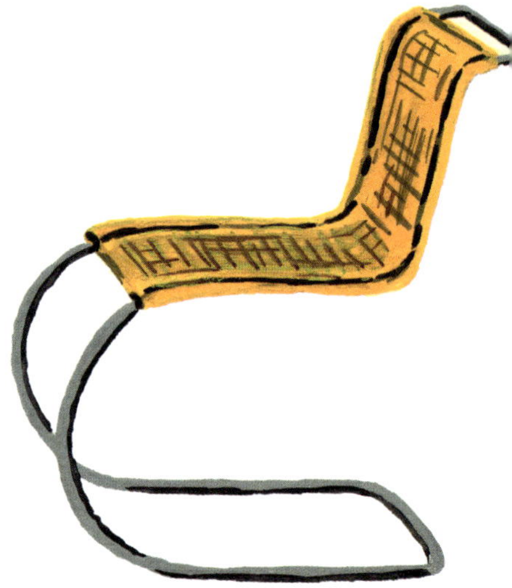

Opa muss lachen. »Das meinte auch Mies van der Rohe, als er 1927 in Stuttgart bei einer großen Ausstellung zum Wohnen für die Zukunft zum ersten Mal einen dieser eckigen, groben Stühle gesehen hatte. Aber die Idee, einen Stuhl aus dünnen Metallrohren ganz ohne Hinterbeine zu bauen, fand er großartig! Mit nur einem Strich machte er aus dem eckigen Ding einen eleganten Bogen und bespannte ihn mit Leder oder Rohrgeflecht statt mit Transportgurten. Das sah auf einmal richtig edel aus und schwingen tat der Stuhl auch noch. Wie ihr ja schon ausgiebig auf meinen Stühlen im Wohnzimmer ausprobiert habt. Ohne die Hinterbeine verschwindet der Stuhl einfach unter dem Tisch. Das lässt den Raum viel offener und luftiger wirken. Das war eine großartige Idee! Die Idee und der kantige Stuhl sind übrigens auch von Mart Stam.«

»Wie kommt man denn auf so etwas Schräges?«, wirft Mia ein.

Und Opa entgegnet: »Fast alle Architekten haben zu ihren Ideen von neuen Häusern auch immer gleich passende neue Möbel und Stühle entworfen.« Und er fährt fort: »Jeder wollte eben nach seiner eigenen Vorstellung eine ganz neue Welt gestalten. Mart Stams Ideal waren extrem kleine, aber sehr gut funktionierende, billige neue Häuser und Wohnungseinrichtungen für alle Menschen. Bei Mies sah das ganz anders aus. Ihm ging es ausschließlich um die edle Baukunst. Um den perfekt gestalteten Raum und weniger darum, welche Menschen darin wohnen würden. ›Weniger ist mehr‹ ist zwar sein weltweit berühmtes Motto für die neuen Häuser geworden. Aber dass ein Haus oder ein Stuhl wenig kosten sollten, war damit nicht gemeint!«

Mia fällt ein, dass sie letztes Jahr an einem Wochenende mit ihrem Vater an einer Rundtour durch die Frankfurter Siedlungen aus dieser Zeit teilgenommen hatte. »War nicht auch die Hellerhofsiedlung mit diesen superkleinen Wohnungen von Stam, mit den Küchen von dieser, wie hieß sie noch gleich, Architektin … das war so ein komplizierter Name?«, fragt sie.

»Genau«, antwortet Opa. »Unser Joschi hat auch diese große Siedlung mit 1200 Wohnungen und 21 Läden errichtet. Aber wie hieß diese Architektin nochmal … die Küche hatte den Namen ›Frankfurter Küche‹ bekommen und viele, viele Architekten haben sie in ihren Häusern und Siedlungen eingesetzt. Es war eine Österreicherin … Grete, Grete, … Margarete Schütte-Lihotzky, jetzt habe ich es!«

Mia war damals baff gewesen, wie man eine Küche so perfekt planen konnte! Als hätte ein Detektiv wirklich jeden Handgriff und jeden Schritt erforscht, um herauszufinden, wie sich bei der Küchenarbeit Zeit einsparen ließ. Um Zeit für die Freizeit oder die Familie zu gewinnen.

»Und was war das für eine Ausstellung zum Wohnen für die Zukunft, von der du gesprochen hast?«, hakt Lucas diesmal nach.
»Was gab es denn dort außer diesem Stuhl zu sehen?«
Opa pickt aus dem von den Kindern sorgfältig auf dem Boden ausgebreiteten Inhalt des Koffers zwei schon etwas brüchige und vergilbte Kataloge im DIN-Format hervor. Auf dem einen steht »Bau und Wohnung« auf dem anderen »Innenräume«.
»Das sind die beiden offiziellen Kataloge dieser Ausstellung in Stuttgart-Weißenhof, die Mies van der Rohe geleitet hat. Den ersten Band hatte Mies persönlich eurem Urgroßvater überreicht. Den zweiten hat er von Mart Stam. Seht, in beiden sind die Widmungen der Architekten!«
Mia und Lucas fangen an in den Büchern zu stöbern. Die kurzen Texte und

vielen Bilder zu all den Bauten und Inneneinrichtungen von Stuttgart-Weißenhof erinnern sie irgendwie an die großen Messen bei ihnen in Frankfurt um die Ecke. Nur die Schwarz-Weiß-Bilder irritieren sie wieder. Es wirkt alles nicht so peppig, nicht so bunt wie in Frankfurt. Aber ansonsten sieht es schon nach einer Messe aus.

»Ich würde gerne nochmal nach Stuttgart reisen«, sagt Opa, »nach dem letzten Krieg sah es in der Siedlung nicht gut aus. Aber jetzt soll dort wieder viel saniert worden sein. Und das Doppelhaus des berühmten schweizerisch-französischen Architekten Le Corbusier wurde sogar als Museum wiederhergerichtet.«

Währenddessen hat Lucas nochmal genauer den Stuhl von Mart Stam inspiziert. Ihn auf seinen Kufen durch den Raum über das glatte Linoleum gleiten und dann elegant eine kleine Pirouette um eine seiner vorderen Muffen drehen lassen. Schon genial. Aber bei Lucas drängt sich dabei eine andere Frage auf:

»Du Opa, wie kommt denn eigentlich der Stuhl hierher? Der war doch viel zu groß für Joschis Koffer. Den hätte er damals überhaupt nicht auf das Auswanderungsschiff nach New York mitnehmen können.«

»Den Stuhl hatte Joschi von Mart Stam zum Abschied geschenkt bekommen«, holt Opa etwas aus, »bevor dieser 1930 nach Russland ging, um dort neue, große Städte zu entwerfen. Die beiden scheinen sich wirklich sehr gemocht zu haben. Deswegen hing euer Urgroßvater auch so an diesem Stuhl und wollte sich nicht von ihm trennen. Um ihn mit nach Amerika

nehmen zu können, hatte er auf einem Frachtschiff eine große Kiste – heute heißen die Container – gemietet. Die Kiste hatte er mit noch mehr persönlichen Dingen, die ihm lieb und teuer waren, beladen. Irgendwo im Koffer müsste noch die Frachtliste des Zollamts liegen, was Joschi damals alles aus Deutschland nach Amerika ausgeführt hatte. Das war gar nicht so einfach, weil sich darunter auch wertvolle Kunstgegenstände befunden haben und Joschi beweisen musste, dass sie tatsächlich ihm gehörten.«

»Was denn zum Beispiel?«, fragt Mia nach, die sich überhaupt keine Vorstellung davon machen kann, was Opa mit Ausfuhr, Zoll und Beweisen meint.

»Na, zum Beispiel das Ölgemälde mit dem abstrakten Kirchturm und den kleinen Menschen davor, das jetzt wieder bei euch in Frankfurt im Büro eures Vaters hängt«, erwidert Opa.

Jetzt sind Mia und Lucas ganz verwirrt. Sie können Opa überhaupt nicht mehr folgen. Was hat das Bild, das zu Hause hinter Georgs Schreibtisch hängt, mit der Auswanderung und dem Zoll zu tun? Das Bild hängt schon immer, seit sie auf der Welt sind, dort.

Da schaltet sich ihr Vater auch schon in das Gespräch ein, er ist kurz zuvor von seinem Ausflug zur New East Side zurückgekommen. »Ja, das stimmt! Das Bild ist schon etwas ganz, ganz Besonderes. Genau genommen erzählt die Geschichte des Bildes auch die Geschichte des Erfolgs und der Geschicke unseres Familienbetriebs, seit Joschi 1922 die Leitung übernommen hat.«

Mia und Lucas sehen erstaunt zu, wie ihr Vater aus dem Koffer eine Postkarte mit ein paar abstrakten, gelb gezeichneten Häusern und einer Kirche darauf hervorholt: »Schaut mal, diese Karte hatte Joschi im Sommer 1923 per Post erhalten. Mit ihr sollte sich alles in unserer Fabrik verändern.« Dies übersteigt nun das Vorstellungsvermögen von Mia und Lucas vollkommen. Auf der Postkarte ist nichts außer der Zeichnung zu sehen ... und auf der Rückseite die Einladung zu einer Ausstellungseröffnung. Ihr Vater muss über die fragenden Blicke seiner Kinder lächeln.

»Es war die Einladung zu der ersten großen Ausstellung des Bauhauses in Weimar im Sommer 1923«, fährt er fort. »Joschi fuhr im August dorthin, weil es auch eine Ausstellung über neue Tendenzen in der inter-

nationalen Architektur gab. Er konnte es überhaupt nicht fassen: kein einziges Haus mehr mit Satteldach und aus Backsteinen. Nur Entwürfe von Bauten aus Beton und Glas wurden gezeigt! ›Wow‹, hier liegt also die Zukunft von ›Rosenstein-Zement‹, dachte er und nahm sofort mit dem Direktor des Bauhauses, Walter Gropius, Kontakt auf und ließ sich die Adressen aller ausstellenden Architekten geben.«

Etwas genervt fragt Mia nach: »Aber was hat das alles nun mit unserem Gemälde zu tun?«

»Langsam, langsam«, entgegnet ihr Vater und erzählt weiter. »Bei Walter Gropius im Büro begegnete Joschi auch dem Maler und Bauhaus-Lehrer Lyonel Feininger, der diese kleine Postkarte entworfen hatte. Erstmals sah Joschi Gemälde von ihm. Er war fasziniert von dieser Art des Malens, wie alle dargestellten Dinge noch ganz klar zu erkennen waren. Aber zugleich erlebte man die Gegenstände in den Gemälden so verfremdet, so anders, als wären sie Kristalle, die im extremen Gegenlicht aufleuchten. Lyonel Feininger war gerührt davon, wie sich der damals noch so junge Joschi von den frischen und frechen Ideen des Bauhauses anstecken ließ, und er schenkte ihm für sein neues Büro in Frankfurt eines seiner neuesten Gemälde von der Dorfkirche in Gelmeroda bei Weimar.«

»Und was ist jetzt daran so schwierig gewesen, das Bild mit in die USA zu nehmen?«, schiebt Mia ungeduldig nach.

»Nun, es war ein Geschenk und Joschi hatte keinen Kaufvertrag, der vor dem Zoll bei der Ausfuhr belegt hätte, dass das Bild tatsächlich ihm gehört und nicht irgendwie illegal in ein anderes Land verschwinden soll. Und zu dieser Zeit waren die Gemälde von Lyonel Feininger schon sehr, sehr teuer. Zum Glück hatte Joschi über die Jahre den Kontakt mit der Familie Feininger und dem Bauhaus aufrechterhalten. So bekam er von Lyonel eine Bescheinigung zu dem Besitz des Gemäldes. Die Bescheinigung war wiederum auch nötig, um das Bild 1964 wieder von Chicago zurück nach Frankfurt bringen zu können.«

Sanft, aber doch deutlich unterbricht Oma Dana das Gespräch und ruft zum Abendessen. Draußen breitet sich langsam die abendliche Dunkelheit aus und die Lichter der Stadt spiegeln sich in den feinen Wellen des Sees. Auf dem Tisch stehen, liebevoll angerichtet, frische Salate, Schalen mit Fischfilets, Obst und Sandwiches und Karaffen mit Fruchtsäften und Limonaden. Und in der Mitte! Speziell für Mia und Lucas als Nachtisch einen Cheesecake mit Bananen, Nutella, Nüssen und bunten Liebesperlen.

Die Neuen Häuser und Stuttgart-Weißenhof – besonders mit dem Cheesecake vor Augen – sind schnell Geschichte. Jetzt haben die Gespräche über die Familie ihren Raum. Denn Opa und Oma sind neugierig, was in Frankfurt los ist, wie es jetzt dort aussieht und warum ihre Mutter Rhoda nicht mitkommen konnte und und und ...

Anna grüßt vom Nudeldampfer

Mia und Lucas liegen auf ihren Hotelbetten und chillen. Es ist noch relativ früh am Morgen, aber ihr Vater hat schon etwas zu erledigen. Geschäftlich. Genau genommen bearbeiten sie ihre iPads. Lucas hat sich Kopfhörer aufgesetzt und fährt ein rasantes Autorennen, Mia schaut sich die »Kinder Kids« an, das sind Comics, die der Bauhaus-Meister Lyonel Feininger vor vielen, vielen Jahren für die »Chicago Sunday Tribune« zeichnete. Eigentlich fühlt sich Mia schon ein wenig zu groß für solche Geschichten. Aber sie fand immer toll, wie die Kinder deutscher Auswanderer vor dem täglichen Löffel Lebertran ihrer Tante fliehen und in einer grünen ausgebeulten Familienbadewanne durch die Welt fahren, um Abenteuer zu erleben.

Plötzlich vibriert es in Lucas' iPad. Ein FaceTime-Anruf.

Mia springt auf das Bett ihres Bruders. Der wirkt etwas verlegen, als unter dem Namen »Anna« plötzlich das Bild eines lockigen Mädchens mit rotem Schal auftaucht.

Aha! Also Anna heißt sie! Das ist doch die aus der Parallelklasse, deren Vater irgendwas am Theater macht. Aber die ist doch mindestens zwei Köpfe größer als Lucas. Mia behält ihre Gedanken für sich und hockt sich mit triumphierendem Lächeln neben ihren Bruder.

Anna steht vor einem Haus, das aussieht, als sei ein Schiff an Land gestrandet. Rote Fensterbänder, blaue Fensterrahmen, viel Glas und dann diese Treppen auf das Oberdeck, also die erste Etage.
»Hi, Lucas! Kannst du mich sehen? Und hören? Oder wackelt alles?«
»Alles bestens«, brummt Lucas etwas verlegen.
»Ihr seid doch gerade in Amerika, richtig?«, fährt Anna munter fort. »Also, das hier ist das Haus Schminke und ich bin mit meiner Mutter heute bei Freunden in Löbau!« Sie ruft so laut in ihr Telefon, als seien Mia und Lucas im fernen Chicago plötzlich schwerhörig geworden. Und dann erzählt sie die Geschichte von Fritz Schminke, der mit 21 Jahren Nudelfabrikant wurde und mit seiner Frau und den vier Kindern nach einem Haus suchte, in dem es keine extra Räume für Erwachsene und Kinder mehr gibt, sondern das Familienleben die Architektur bestimmt. Und wo alles, was gegessen wird, selbst angebaut wird. Außer den Nudeln natürlich. Wo es Ziegen, Schafe und Schweine gibt. Hans Scharoun baute 1930 ein solch modernes Landhaus mitten auf einen Bauernhof gleich gegenüber der Nudelfabrik, wohin die Kinder mit

einer kleinen Eisenbahn fahren konnten. In Löbau rümpfte niemand die Nase, obwohl das Haus mit seinen großen Glasflächen, dem blendend weißen Putz und den abgerundeten Kanten so ganz anders aussah als

alle anderen Häuser der Gegend. Die Löbauer nannten Schminkes Haus fortan ganz einfach »Nudeldampfer«. So ist es bis heute geblieben.
Die Bilder auf Lucas' iPad wackeln, denn Anna läuft mit ihrem Handy durchs Haus. Jetzt ist ein riesiges Wohnzimmer mit einer noch riesigeren Couch zu sehen. Dahinter liegt ein Kakteengarten unter einer merkwürdig abgehängten grauen Stahldecke mit ebenso grauen Glaskugeln und Unmengen runder Löcher. Die Decke taucht alles wie einen Partyraum in ein warmes orangefarbenes Licht. Lucas sieht Anna schmunzeln, als sie ihm die beiden extra für Kinder gemachten Gucklochbullaugengläser in den Terrassentüren zeigt. In dem einen Fensterpärchen erscheint draußen alles in Rot. In dem anderen in Blau.
»Aber die allerschärfsten Sachen kommen noch«, ruft Anna. »Die Rückwand eines Garderobenschranks kann als Tafel benutzt werden und es gibt ein Fenster, das extra so niedrig ist, dass die Kinder ihren eigenen Ein- und Ausgang hatten. Krass, oder? Oder hier, guckt mal, der

Handlauf am Geländer. Der ist extra so breit, damit die Kinder herunterrutschen konnten und eine gute Landebahn hatten. Deshalb ist am Ende des Handlaufs auch ein kleiner Knick eingebaut, der wie eine Bremse wirkt.«

Und natürlich hat Anna ihr Handy in die Ecke geworfen, um auch selbst mal eine Rutschpartie zu machen. Mia und Lucas hören sie nur noch johlen.

Mittendrin ist die Stimme ihrer Mutter zu hören: »Anna, hör auf, das ist ein Museum.«

Woraufhin sich eine andere weibliche Stimme einschaltet: »Lassen Sie nur, das sind wir hier gewohnt.« Plötzlich bricht die Verbindung ab.

»Mist«, murmelt Lucas. Ob sich Anna noch mal meldet?

Während Mia schon wieder dabei ist, ihren Comic weiterzulesen, ist ihr Vater ins Hotelzimmer gekommen. Er wollte einen alten Freund besuchen, der auch mal irgendwas mit dem Bauhaus zu tun hatte. Von ihm heißt es, er hätte seit 100 Jahren keinen Staub gewischt und würde nur in der Erinnerung leben.

»Papa, Papa, Anna hat uns angerufen. Sie ist in Löbau in einem Schminke-Haus. Kennst du das?«, ruft Lucas.

Sein Vater lächelt. Und natürlich gibt es auch hier wieder eine Geschichte mit Joschi und seinem Zement.

»Ob ihr es glaubt oder nicht, der Architekt Hans Scharoun hatte damals bei unserem Joschi Baumaterial bestellt und ihn gebeten, die Qualität der Bauarbeiten zu überwachen. Beide kannten sich auch aus Stuttgart. Joschi war oft in diesem kleinen Ort in Sachsen, ich übrigens auch. Er hat dafür gesorgt, dass der Edelweißkratzputz mit Glimmerzuschlägen, jetzt lacht nicht, an die Fassade kam.«

»Edelweiß, was?«, ruft Mia dazwischen, »ihr immer mit eurem Zement-Chinesisch. Das nervt doch.«

Mit einem Mal erinnert sich Lucas, dass er in Opas Kiste eine kleine

Packung Nudeln in Zellophan entdeckt hatte. Vor allem die Illustration auf der Verpackung fand er lustig: Da sitzen vier Kinder im Alter von höchstens zwei Jahren auf Nudelkisten und versuchen, mit einem Strick eine riesige Makkaroni-Packung aufzurichten. Darunter steht: »Kommt, ihr Kinder helft im Chor. ›Anker‹ zieh'n wir allen vor.«

Er hat ein Foto davon gemacht, das er sich jetzt anschaut. Sein Vater hat den Arm um ihn gelegt: »Kannst du dir vorstellen, Lucas, dass es mal eine Zeit gab, in der bei uns niemand Nudeln aß?«

Lucas dreht sich zu seinem Vater: »Echt jetzt?«

»Ja, so um 1904 haben die Schminkes vor allem für den Export nach England produziert. In Deutschland kannten die Leute keine Nudeln und aßen lieber Kartoffeln. Das hat sich erst mit der Zeit geändert. Und deshalb waren die Schminkes auch ziemlich mutige Leute.«

Wieder vibriert Lucas' Handy. FaceTime. Anna.

TUT-TUT
1933

»Hallo, ihr. Ich habe was gefunden, was ich euch zeigen will«, ruft sie.
Wenn Anna nur nicht so mit dem Handy wackeln würde. Mia und Lucas schauen von ihrem Hotelbett in Chicago auf irgendwelche Henkel aus Blech in Löbau. Erst als Anna weiter weg geht, erkennen sie, dass es sich um eine Küche handelt. Unter einer Treppe sind eine ganze Menge Vorratsdosen und Schütten in der Wand eingelassen. »Mehl«, »Salz«, »Breite Nudeln« und »Riebele« steht auf den silberglänzenden Behältnissen. Was das nun wieder ist?
Mia erkennt sofort: »Das ist doch diese Frankfurter Küche von der Frau mit dem komplizierten Namen und dem Bindestrich«.
Ihr Vater lacht: »Genau, Margarete Schütte-Lihotzky.«
Die Kinder erinnern sich noch, wie praktisch diese Architektin dachte, dass sie die Arbeitsbereiche genau trennte: Damit man nicht mit schmutzigen Fingern an die sauberen Sachen fasste – und umgekehrt. Bestimmt hatte sie für jeden Gang, für jeden Handgriff die Zeit gestoppt. Damit alles so praktisch wie möglich angeordnet werden konnte und man nicht dauernd hin- und herlaufen musste. So blieb viel Zeit für die Familie.
»Und noch was will ich euch zeigen«, sagt Anna und zoomt auf eine Türklinke, die wie falsch montiert aussieht: »Das ist eine Klinke, die nur mit dem Ellenbogen bedient werden kann, wenn man nämlich die Hände voller Teller hat. Ist das nicht eine irre Erfindung? Hey, also ... wir müssen jetzt weiter zur Freundin meiner Mutter, die hier auf irgendeinem Kuhdorf wohnt. Ich sag euch, das wird mega boring. Na, dann. Kommt gut zurück. Ich vermisse euch. Tschühüsss.«
Als Anna aufgelegt hat, drängelt Mia. Sie wollten doch heute noch eine Bootstour machen. Nun aber los. Ihr Großvater wartet schon am Anleger.

Zinkwannen und Rapidbalken

Regen zieht über den Chicago River. Mia und Lucas haben sich in das Innere eines Wassertaxis zurückgezogen, wo ihr Großvater bei einer Tasse Kaffee sitzt und gerade dabei ist, für die Kinder Bagels mit Cream Cheese zu ordern. Großmutter Dana ist mitgekommen.

»Schön, dass wir heute mal Ruhe haben«, sagt sie und nimmt ihren knallroten Regenhut ab, den sie mit einem Bändchen unter dem Kinn befestigt hatte. Sie schüttelt ihre halblangen silbergrauen Haare, rückt die Kette aus feinen, übereinanderliegenden Silberplättchen zurück und steckt ihr Taschentuch in den Ärmel.

Mia findet, dass ihre Oma immer noch eine sehr schöne Frau ist, was vor allem an diesen wachen blauen Augen liegt. Auch in ihrem Leben gab es nur Zement, Zement, Zement. Vor allem aber Kalkulationen, Abrechnungen, Lieferscheine. Und Oma Dana hat immer sehr auf Opa Ludwig geachtet. So wie jetzt, schon zupft sie wieder an seinem Jackett und dem grasgrünen Pulli herum, der ihn heute ganz sportlich erscheinen lässt.

Die Kinder können sich kaum auf ihren Bagel konzentrieren, so sehr faszinieren sie die Fassaden der Wolkenkratzer, die rechts und links an ihnen vorbeiziehen. Es ist herrlich zu sehen, wie sich ihr Wassertaxi darin spiegelt. Hinter den vielen riesigen Fenstern sitzen unzählige Menschen, die sicher ganz viel arbeiten. Lucas denkt oft darüber nach, was er mal werden will. Auf keinen Fall mag er an einem Schreibtisch sitzen. Vielleicht eher Kellner oder gleich Restaurantbesitzer. Dann würde er auch einen Laden hier am Fluss aufmachen. Essen und Trinken und dabei aufs Wasser schauen, das mag Lucas sehr gern.

Mia sitzt neben ihrer Oma, die Schwarz-Weiß-Fotos mit merkwürdig gezackten Rändern aus der Handtasche geholt hat. Darauf ist ein weißes Haus mit flachem Dach und schwarzen Fensterrahmen zu sehen. Die

Fenster sitzen entweder fast unter dem Dach oder so kellertief, dass zwei Kinder bequem auf der Fensterbank Platz nehmen können, während ihr Vater danebensteht und für den Fotografen posiert. Aus dem oberen Fenster, das nach außen geöffnet ist, schaut die Mutter ganz vergnügt.
»Das Foto ist von 1929 und es zeigt Häuser in der Siedlung Dessau-Törten. Das ist auch bei euch in Deutschland. Und das Mädchen hier rechts, das sich fast hinter dem Hosenbein ihres Vaters versteckt, das ist meine Freundin Else Simon. Sie war damals vier Jahre alt und ist nur wenig später mit ihren Eltern nach Amerika ausgewandert. Sie ist mittlerweile 94 und lebt hier in Chicago. Wollen wir sie mal besuchen? Ich kann euch versprechen, das wird spannend«, sagt Oma Dana und steckt das Foto wieder ganz vorsichtig in ihre Handtasche.
Mia und Lucas sind etwas unschlüssig. Eigentlich haben sie genug von alten Leuten und ihren Geschichten, aber neugierig sind sie schon.

Nicht weit vom Anleger entfernt wohnt Else Simon. Eine kleine gebeugte Frau mit Pagenkopf und in einem eleganten kobaltblauen Kleid öffnet die Tür. Sie freut sich über den Besuch der Rosensteins und bittet hinein, nicht ohne allerdings die Kinder zu ermahnen: »Seid bitte vorsichtig!«
Im Korridor stapeln sich Kisten, Koffer und Kartons. Stapelweise Bücher türmen sich und an der Wand hängt ein Plakat mit einem riesigen Flugzeug und der Aufschrift »Junkers-Junior«. In ihrem Wohnzimmer fällt der Blick gleich auf würfelförmige Schränke und Regale, die offenbar gut miteinander zu kombinieren sind. Schnell hat Lucas herausge-

funden, dass es da feste und bewegliche Teile gibt, die in unterschiedlichen Farben gehalten sind. Auf der Tischdecke mit streng geometrischen Mustern stehen flache weiße Teetassen und Saftgläser für die Kinder.
»Ich habe Dessau sehr geliebt, aber als die Nazis an die Macht kamen, wurde es in dieser Stadt für eine jüdische Familie wie unsere unerträglich und auch immer gefährlicher. Meine Eltern hatten Freunde, die uns nach Amerika brachten und so haben wir in Chicago ein neues Leben angefangen. Aber die Dinge aus Dessau, die haben wir behalten: den Schrank, das Regal, den Tisch, die Stühle.« Und dann erzählt die alte Dame vom Leben in der Siedlung Dessau-Törten, in der vor über neunzig Jahren reihenweise Häuser gebaut wurden, um mehr günstige Wohnungen zu schaffen. Der Bauhaus-Direktor Walter Gropius ließ alles, was er brauchte, auf der Baustelle direkt herstellen. Aus Kies und Sand, aus Materialien eben, die es rund um Dessau so gab.
»Und an dieser Stelle«, hakt Großvater Ludwig ein, »kommt dann wieder euer Urgroßvater Joschi ins Spiel, der für Gropius ...«
»Ja, ich weiß, den Zement lieferte«, unterbricht ihn Mia.
»Nein. Er hat Gropius wegen der Baustoffe beraten und ihm gezeigt, wie sich zum Beispiel der sogenannte Rapidbalken für die Decken direkt auf der Baustelle herstellen ließ.«
»Warum hieß der denn Rapidbalken? Ging es darum, dass man den schnell herstellen konnte?«, will Mia wissen.
»Genau so ist es. Diese ganze Baustelle war ein einziges Experiment«, fährt Opa fort. »Gropius hatte keine Ahnung, ob das alles auch wirklich funktionieren würde. Na ja, und hier in Dessau-Törten hat unser Joschi dann auch noch andere Bauhäusler kennengelernt, denen er zeitlebens verbunden war: den Architekten Hannes Meyer, die Weberin Anni Albers und die Metallgestalterin Marianne Brandt, von der übrigens diese weißen Milchglaskugeln sind, die hier hängen.«
Else Simon hat sich mit ihrer Teetasse in einen Sessel gesetzt und die

Beine hochgelegt. Mia und Lucas sitzen etwas unbequem auf ihren Hockern und trauen sich gar nicht, sich zu rühren.
»Ja, unser Leben in der Siedlung Dessau-Törten war so ganz anders als hier«, beginnt Frau Simon zu erzählen. Die Toilette lag neben dem Stall. Sie hatten Hühner und Kaninchen und sogar einen Pudel. Das meiste, was gegessen wurde, wuchs hinter dem Haus: Kartoffeln, Stachel- und Johannisbeeren, Kirschen, Äpfel, und und und. Die Zinkbadewanne war ihr großes Glück im Sommer. Darin haben sie so manche Wasserschlacht veranstaltet.
»Die Räume waren schön hell und mein Vater, der die Bauhäusler sehr verehrt hatte, ließ sich einige Wände in den wunderbarsten Farben streichen. Ein Blau wie mein Kleid, ein zartes Rosa, ein wunderbar warmes Gelb«, schwärmt sie. »Na ja, alles lange her, Kinder. Ich bin nie wieder dorthin zurückgekehrt«, sagt Frau Simon noch. Dann ist sie in ihrem Sessel eingeschlafen.
Mia und Lucas schauen ihre Großeltern an. Oma Dana hält sich den gereckten Zeigefinger vor den Mund. Dann schreibt sie einen Zettel, auf dem steht: »Bis bald, meine Liebe! Deine Dana.«
Und ganz leise schleichen sich die vier aus der Wohnung und stehen wieder im Straßenlärm von Chicago.

Mit der Sonne bauen

Irgendwie muss in dieser Siedlung Dessau-Törten eine gute Stimmung geherrscht haben und vor allem die Kinder hatten sicher viel Spaß, denkt Mia. Hatte nicht Frau Simon von ihrer besten Freundin in der Siedlung erzählt, die in so ganz besonderen Häusern wohnte? Laubenganghäuser hatte sie die genannt. Mia erinnert sich daran, als sie wieder in Opas Apartment angekommen sind. Sie öffnet den Koffer und findet ein Foto, das ein lang gestrecktes Haus aus Backstein mit nur einem Treppenhaus zeigt. Sie nimmt es in die Hand und überlegt, warum eigentlich immer alle denken, dass Häuser strahlend weiß sein müssen. Ziegelrot ist doch auch nicht schlecht.

Ihr Vater tritt ins Zimmer und sieht Mia mit dem Foto.
»Das war 1930 der absolute Hit!«, sagt er. »So wollte man wohnen – bezahlbar vor allem, aber auch hell und praktisch. Sie heißen Laubenganghäuser, weil die Wohnungen über lange Außengänge erschlossen werden. Man hat nur ein einziges Treppenhaus und geht dann über

die Laubengänge. Die Wohnungen waren zwar klein, aber es gab eine Menge praktischer Dinge wie Einbauschränke, ausklappbare Küchentische, Zentralheizung, eine Toilette mit Wasserspülung und eine Badewanne aus Emaille, was damals nur wenige hatten. Dazu ein gemeinsames Waschhaus und ein Spielplatz!« Mia findet vor allem das vorgezogene, verglaste Treppenhaus sehr elegant. Lucas ist dazugekommen: »Irgendwie sieht das amerikanisch aus. Ich weiß auch nicht. Diese Laubengänge sind auf jeden Fall cool, vor allem zum Rollschuhfahren. Wer baut so was, Papa?« Und dann erzählt ihr Vater von Hannes Meyer, dem zweiten Bauhaus-Direktor, der so bauen wollte, dass sich die Menschen in ihren Wohnungen wohlfühlen, auch wenn sie nur wenig Geld hatten. Freundlich und gesund und arbeitssparend. Keine Luxusapartments, sondern wirkliche Volkswohnungen. Mit schönen, preiswerten Möbeln.

Na ja, in einer Volkswohnung wohnen sie zu Hause in Frankfurt nun nicht gerade, denkt Mia, aber ihr gefallen die einfachen Möbel von diesem Hannes Meyer: ein ganz einfacher brauner Tisch und dazu ein brauner Hocker, der mit grauem Stoff bezogen ist. Chic. Ihr Vater hat das iPad herausgeholt und zeigt seinen Kindern, wie Meyer sich die Einrichtung seiner Wohnungen vorgestellt hat.

»Das sieht ja aus wie bei IKEA«, lacht Lucas und erntet ein Nicken seines Vaters: »Ja, wenn man so will, waren das frühe IKEA-Möbel, eben Sachen für jedermann. Wollt ihr noch mehr von Meyer sehen?«

Die Kinder nicken. Ihr Vater hat im Netz ein Schwarz-Weiß-Foto gefunden, auf dem eine leicht hügelige Lichtung zu sehen ist. Große Seen und eine gestaffelte Parade von würfelförmigen Häusern sind zu erkennen.

Zeiss Ikon A.-G.
Goerz-Werk
Berlin · Zehlendorf

Kubisch nennt man diese Form. Was kann das sein? Eine Ferienanlage? Ein Spaßbad mit Hotel?

»Hannes Meyer wollte nicht nur, dass die Menschen gut wohnen. Er baute auch mit seinem Kollegen Hans Wittwer eine Schule für den Deutschen Gewerkschaftsbund bei Bernau, von der er glaubte, dass sich darin besonders gut lernen lässt. Dieser lang gestreckte Trakt der Häuser und das Zickzackprinzip der Staffelung sind so zustande gekommen, weil der Architekt vorher mit einem ›Sonnendiagramm‹ die optimale Beleuchtung der Innenräume untersucht hatte und das Gebäude optimal in die Landschaft fügen wollte. Und er hat erstklassige Materialien verwendet: gelbliche Ziegel, Holz, Stahl und natürlich Beton. Für die Aula hatte die Bauhaus-Weberin Anni Albers eine Wandverkleidung aus einem grauen Stoff entworfen, der für die Akustik wichtig war. Wartet mal, da ist eine Probe im Koffer.«

Und tatsächlich: Wenig später hält ihr Vater ein Stück grau glänzenden Stoff in der Hand, der offenbar den Schall dämpft und das Licht reflektiert. Ein Stoff, der vibriert. Auf der Rückseite ist ein Zettel angebracht, auf dem die Materialien verzeichnet sind: Zellophan, Baumwolle und Chenille.

Georg denkt daran, wie beeindruckt er war, als er mit seinem Vater das erste Mal in diesem idyllischen Kiefernwäldchen nördlich von Berlin war. Architektur, die sich perfekt in die Landschaft einpasst, dachte er damals. Und dann hat er den Campus auf eigene Faust erkundet. Er entdeckte das herrliche Schwimmbad und einen gläsernen Gang, der Turnhalle, Seminarräume, Wohnblöcke und Bibliothek miteinander verbindet. Überhaupt erinnert er sich an viel Glas, so dass die Gewerkschaftsschüler immer wieder beim Lernen nach draußen blicken konnten. Vor allem aber begeisterte ihn der Speisesaal mit seiner verglasten Decke und den großen Fenstern, die einen weiten Blick in die Natur möglich machen.

Während ihr Vater noch darüber grübelt, wie klug diese Gewerkschaftsschule doch gedacht ist, haben sich Mia und Lucas in Opas Wohnzimmer zurückgezogen und die Kopfhörer aufgesetzt. Morgen ist ja auch noch ein Tag.

Einmal Chicago-Barcelona – und zurück

Und dieser Tag gehört ganz Chicago! Fast. Schon vor dem Schlafengehen hat Georg verkündet: »Kinder, morgen geht es in das Museum of Science and Industry! Was haltet ihr davon?«
Das musste er ihnen nicht zweimal sagen!

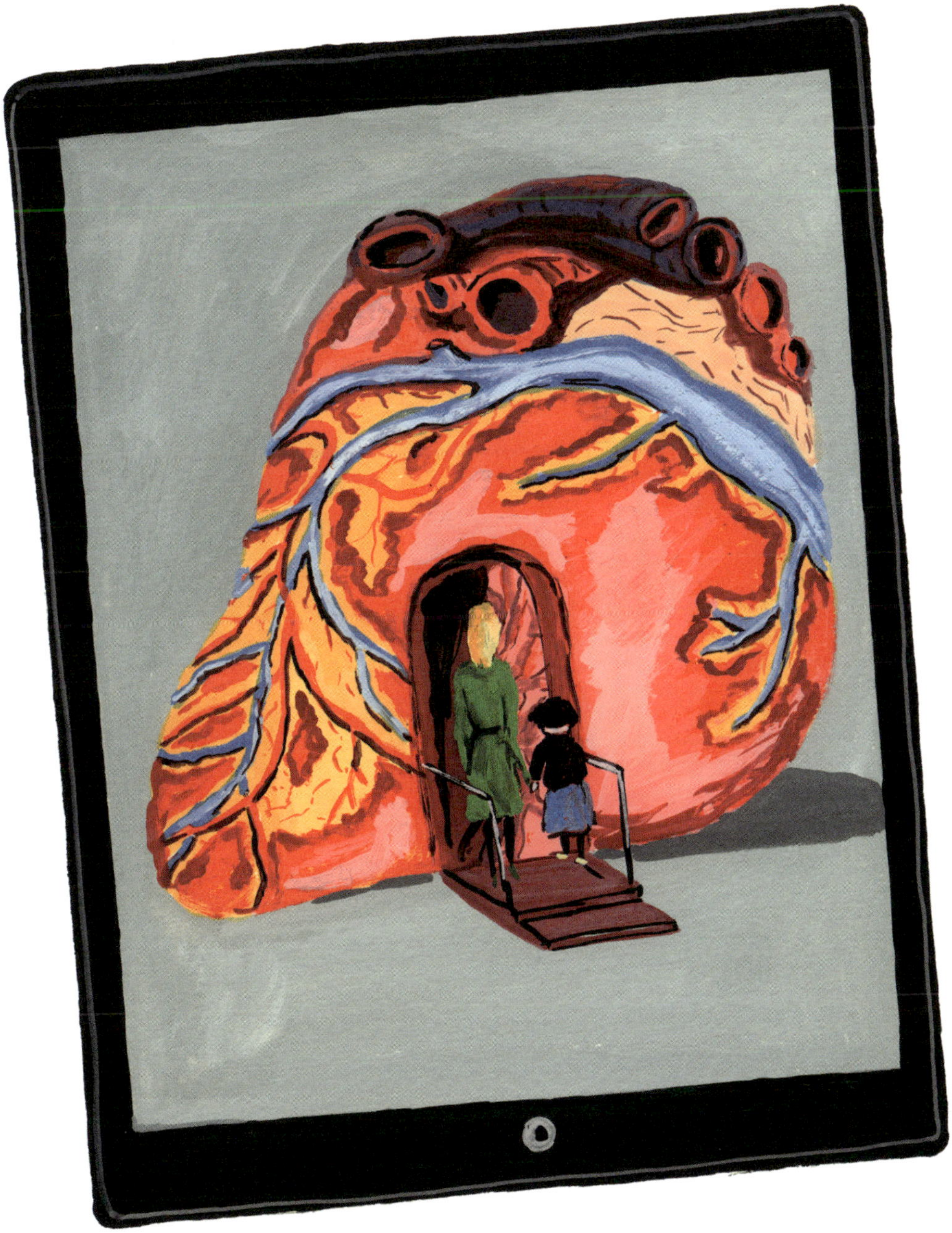

»Cool, jippie, endlich ...«, schallt es vielstimmig aus dem Bad zurück.
»Oma möchte vielleicht auch mitkommen!«
Das hören die beiden schon gar nicht mehr. Die iPads drehen mit YouTube

schon ihre Runden durch die Erlebniswelten des Museums. Lucas schickt Anna gleich eine aufgeregte WhatsApp mit den ersten Links von Tsunami-Simulationen und einem begehbaren 3D-Riesenherz … und ein heimliches Küsschen in Gedanken obendrauf.
Pünktlich »9.30 a.m.« – die Amerikaner verwenden immer noch die Abkürzung des Lateinischen »ante meridiem« für vormittags und p.m. »post meridiem« für nachmittags – treffen sie Oma an der Millennium Station, einem der großen Eisenbahnknoten der Stadt.
Lucas ist hin und weg: »Wow, wir fahren mit einem richtigen amerikanischen Doppelstockzug!« Mia lässt das alles recht kalt. Sie interessiert sich vielmehr für das bunte Treiben all der Menschen, die hier umsteigen. Viele Studenten denkt sie und bemerkt, dass sie sich zur Linie Richtung Universität begeben.
Lucas drängt es sofort in das Obergeschoss des Zugs. Downtown lassen sie hinter sich. Nach einem halben Stündchen Richtung Süden, immer mit dem See auf der einen Seite und niedriger langweiliger Vorortbebauung auf der anderen, kommen sie endlich an. Dana bringt sie zu einem Parkgelände, in dem wie ein pompöses Schloss mit Säulen, Skulpturen, Giebeln und Kuppeln das Museum liegt. So riesig hatten sie es sich nicht vorgestellt.
»Ja, das ist das große zentrale Gebäude der Weltausstellung von 1893, als sich Chicago erstmals als eine moderne Metropole der Technik, Wissenschaft und des Handels in der Welt präsentieren wollte«, erläutert Dana kurz, »aber so ganz hat das nicht geklappt. Nicht alles ist rechtzeitig fertig geworden, so wie es ja heute auch mit den großen Bauprojekten so geht. Aber dafür haben wir jetzt dieses wunderbare Museum!«
»Warum wurde sie denn nicht rechtzeitig fertig?«, hakt Lucas ein. Diese Frage brennt ihm natürlich auf den Nägeln.
»Na ja, mit nur einem Jahr Vorbereitung war die Zeit für ein so wichtiges Vorhaben einfach zu knapp bemessen und außerdem forderte die Politik

mehr Kontrolle bei der Vergabe der Bauaufträge. Wie heute eben«, entgegnet Dana mit einem Augenzwinkern.
»Das Museum ist so groß und vielfältig. Wir würden nicht mal in einer Woche alles sehen können«, fährt sie fort, »deswegen bin ich mitgekommen, damit wir uns aufteilen können und ihr euch nachher umso mehr von euren Erlebnissen erzählen könnt.«
Die Frankfurter sind überwältigt von den Angeboten und den Unmengen von Kindern und Gruppen, die durch die Hallen strömen und wuseln. Gemeinsam bestaunen sie noch die Naturphänomene in ›Science Storms‹ und irren voller Spaß durch das Spiegelkabinett.
Danach trennen sich die Wege: Mia und Georg zieht es in ›Numbers and Nature‹, die faszinierende Welt der Schönheit von Mustern und Zahlen in der Natur. Lucas und Dana starten ihre Tour in dem Riesenmodell von Chicago und seiner Eisenbahngeschichte, wo man auf Augenhöhe alle Vernetzungen der Transportsysteme erleben kann.
Erschöpft, aber glücklich, treffen sie sich am Abend im Foyer des Museums. Für den Film ›Oceans: Our Blue Planet‹ in dem riesigen fünfstöckigen Kuppelkino, den sie eigentlich so gerne am Schluss sehen wollten, ist es schon zu spät.
Kaum sitzen sie in der Bahn, nicken alle ein und werden auch nur wach, weil der Zug mit einer lautstarken Durchsage in Millennium Station endet. Nach einer kurzen Strecke mit dem Bus stehen sie bei Opa im Apartment und lassen sich schnaufend, die Füße hoch, in die weißen Barcelona-Sessel fallen. Opa hat den Ankömmlingen eine Menge Sandwiches, Getränke und Obst zubereitet.
Irgendetwas liegt in der Luft. Opa ist sichtlich aufgeregt. Bis Oma das Schweigen bricht.
»Mein lieber Ludwig, was ist denn bloß? Komm setz dich zu uns!«
»Ach wisst ihr! Ich habe heute Post vom Bundesverband der Bau- und Zementwirtschaft aus Deutschland bekommen«, antwortet Opa.

Alle denken im Stillen das Gleiche: O nein! Zement-Joschi lässt wieder grüßen! »Sie laden mich über die Sommerzeit anlässlich des großen 100. Bauhaus-Jubiläums zu einer zweiwöchigen Tournee nach Deutschland ein. Alle zwei Tage soll ich an einem anderen ausgewählten Ort zu einem modernen Gebäude, an dem unsere Firma beteiligt war, einen Vortrag halten. Sie nennen das Programm ›Grand Tour der Moderne‹.«

»Wow! Das ist ja toll! Dann kommst du uns bald besuchen, wohnst bei uns in der Villa«, wirft Mia spontan ein. »Und Oma? Kommt sie auch mit?« »In Frankfurt werde ich nur wenige Tage sein können«, erwidert Opa, »und Oma hat bereits eine andere Reise zu Freunden gebucht. Schon in zwei Monaten soll es losgehen, ich finde das total aufregend. Und ich bin ganz gut im Stoff, weil wir ja Joschis Reisekoffer ausgekippt haben. Kinder, wollt ihr mir helfen? Ich weiß, morgen ist euer letzter Tag hier. Aber, wenn ihr mir mit euren iPads bei dem Koffer zur Seite steht, könnten wir drei eine tolle Reise durch die Bauten von Mies van der Rohe, dem besten Architektenfreund unserer Familie, zusammenstellen. Und die Vorträge möchte ich auch nicht allein halten. Es wird Ferienzeit sein und ihr könntet doch mitkommen. Was meint ihr? Habt ihr Lust? Sagt schon ja ...«

Wie immer etwas schnippisch fragt Mia: »Und wo würden wir denn dann so hinfahren, um was von diesem Mies zu sehen?«

Opa grübelt nicht lange: »Na, wir könnten zum Beispiel in Deutschland in Stuttgart-Weißenhof beginnen und dann von Brno in Tschechien über Berlin nach Krefeld reisen und von dort mit einem Abstecher für ein paar Tage über Barcelona nochmals für eine Woche in die USA nach Illinois fliegen.«

Tschechien? Barcelona? Illinois? Eine ganz schön wilde Tour! Alle blicken Opa erstaunt an. Was ist denn in ihn gefahren?

»Na, ja. Sie sprechen von einer Grand Tour der Moderne durch Deutschland. Da fehlt doch der Rest der Welt«, zuckt er mit den Schultern und breitet die Arme aus. »Wie will man Mies ohne seinen Pavillon auf der Weltausstellung in Barcelona von 1929 und ohne den Entwurf seines letzten Landhauses in Illinois so richtig verstehen?«

Lucas hat das Ganze still verfolgt. Die Vorstellung von ein paar Tagen Barcelona – wovon erst vor kurzem ein paar Kumpels aus der Klasse so geschwärmt hatten – gefällt ihm. Und wie kann er zu nochmal einer Woche USA und einer Entdeckungstour durch Tschechien schon nein sagen? Vielleicht könnte ja auch Anna mitkommen. Lust an moderner Architektur hat sie ja anscheinend ... Unbedacht rutscht ihm ein laut vernehmliches »Au ja!« raus. Auch Mia beginnt ihren Vater Georg zu bearbeiten, doch ja zu sagen.

Ein neues Abenteuer nimmt seinen Lauf

Nach diesem aufregenden Tag fallen Mia und Lucas gleich in ihr großes Boxbett und machen das Licht aus. Zum Schlafen sind sie aber noch zu aufgedreht.
»Du, Lucas, morgen Abend sitzen wir ja schon wieder im Flieger.«
»Ja, schade«, sagt Lucas leise, »unsere Großeltern sind schon toll. Wie Oma mit mir gestern den ganzen Tag im Museum durchgehalten hat!«
»Und Opa ist abends nochmal richtig aufgedreht.«
»Ganz ehrlich, die Idee von Opa mit der Grand Tour finde ich zwar toll. Aber auf eine Reise durch dunkle Vortragsräume mit PowerPoint-Präsentationen und langweiligen Zementvertretern in grauen Anzügen habe ich ehrlich gesagt keine Lust. Und du?«
»Nein, ich auch nicht«, bestätigt Mia.
»Erinnerst du dich noch, wie uns Anna mit ihrem Handy per Video durch das Haus Schminke geführt hat?«, fragt Lucas.
Schon wieder Anna, Anna, Anna ... schießt es Mia durch den Kopf.
»Vielleicht können wir Opa ja von solchen Entdeckertouren mit uns und seinen Gästen in den Originalhäusern überzeugen, statt doofer Vorträge.«
Keine schlechte Idee, findet Mia. Danach ist es still im Zimmer.
Am Morgen nach dem Frühstück stehen die drei schon fix und fertig bepackt für die Rückreise bei den Großeltern vor der Tür. Opa hat über Nacht das ganze Wohnzimmer für die Utensilien aus Joschis Koffer in Beschlag genommen und alles neu sortiert. Aus dem Regal sind auch noch ein paar weitere Fotoalben und Diakästen von seinen späteren Reisen zu den Bauten von Mies hinzugekommen. »Kinder, schaut einmal«, empfängt er freudestrahlend Mia und Lucas, die erst einmal überlegen müssen, wie sie Opa ihr Anliegen von letzter Nacht nahebringen ...
Da meldet sich Georg zu Wort: »Kinder, wir haben ganz vergessen, etwas

für Rhoda zu besorgen. Sie freut sich doch immer, wenn man ihr von unterwegs etwas mitbringt.«

»Lass die Kinder mal bei ihrem Großvater«, springt Dana dazwischen, »ich habe schon eine Idee. Wir beide fahren zum Randolph Street Market. Das ist ein riesiger Flohmarkt. Dort findest du von Indie-Design, Schmuck und Antiquitäten einfach alles, was Chicago zu bieten hat.«

Als die Tür hinter den beiden ins Schloss gefallen ist, fasst sich Mia ein Herz: »Du Opa, wir haben noch immer riesige Lust auf die Grand Tour im Sommer. Aber müssen es denn immer Vorträge sein? Wir könnten doch die Gebäude selbst zeigen und was es dort alles zu sehen und zu erleben gibt. Eine Freundin von uns würde vielleicht auch noch mitmachen.«

»Oh«, reagiert Opa überrascht, »wie soll das denn gehen?«

Lucas klappt sein iPad auf und zeigt ihm das kleine Video von Anna aus dem Löbauer Nudeldampfer: »Vielleicht so? Und wir nehmen Joschis Koffer mit auf die Reise zu den jetzt alten ›Neuen Häusern‹. Er ist doch wie ein kleines mobiles Museum! Du packst aus und erzählst und wir gehen dann mit den Leuten auf Spurensuche in den Häusern.«

Opa ist noch etwas skeptisch. An so etwas hatte er noch gar nicht gedacht, aber die Idee findet er schon charmant: »Hm, warum nicht? Wir können es versuchen. Wir müssen ja nicht den ganzen vollen Koffer mitnehmen, ein paar Dinge können raus und ein paar andere hinzu. So, dass es eben passt. Eine Geschichte ergibt.«

Mia und Lucas sind sichtlich erleichtert.

»Womit, oder besser wo fangen wir an?«, fragt Opa und betrachtet noch etwas unsicher seine Materialhäufchen.

»Barcelona!«, ruft Lucas. Das ist ihm gerade am meisten präsent.

»Gut!« Opa beginnt in seinen Fotos und Dokumenten zu suchen.

Mia und Lucas geben »barcelona pavillon« in ihren Browser ein und sind baff. Eine schier unendliche Anzahl von Einträgen tut sich bei Google auf. Von einer spanischen Stiftung, die den Pavillon heute betreibt. Von einem Möbelanbieter, Büchern und Fotos bis hin zu einem kleinen Vogelhäuschen als Hommage an das berühmte Gebäude ist alles dabei. Krass: ein Mies-Vogelhäuschen für 149 Euro ... und von wegen weiße Häuser! Sie sehen ganz verschiedenfarbigen Marmor mit dem Beton und den glänzenden Stahlsäulen.

Aber noch schräger findet Mia, dass der Pavillon ja gar nicht mehr original ist!

»Opa, der Pavillon wurde ja schon 1930 abgebaut und ist bis heute verschwunden. Das ist ja eine Kopie aus den 1980er Jahren!«

»Aber das ist doch auch eine sehr wichtige Geschichte. Das sagt doch, was das Gebäude offensichtlich für viele Menschen noch heute bedeutet, dass sie es so aufwändig wieder rekonstruiert haben wollten. Es war – oder besser es ist – eine Ikone!«, erwidert er und: »Schaut mal! Was für eine schöne, opulente Mappe mit Fotos von der Eröffnung 1929!«

Mia und Lucas rutschen heran.

Auf der Titelseite der Mappe ist der Pavillon mit dem Wasserbecken und der deutschen Fahne zu sehen und die ersten Fotos zeigen Räume, die nur so ineinander fließen mit Möbeln wie bei Opa und Oma.

»Die Möbel hatte Mies extra für das spanische Königspaar entworfen, damit sie sich beim Eintragen ins Gästebuch setzen könnten. Das haben sie aber nicht getan«, wirft Opa ein. Und auf einmal kommen Fotos mit Menschen, meist Männer mit Frack und Zylinder. »Das war die offizielle Delegation der deutschen Regierung bei der Eröffnung und der hier mit dem Zylinder vor der Brust ist Mies und schräg hinter ihm steht Joschi. Damit war Mies mit einem Schlag zum wichtigsten Architekten der Weimarer Republik geworden«, berichtet Opa.

»Und Joschi zum Hofzementlieferanten«, ergänzt Mia scherzhaft.

Opa packt noch die eine Zigarre von Mies aus dem Koffer zu dem kleinen Stapel und Lucas legt die Web-Links in einem extra Ordner auf seiner Cloud ab und fertig ist ihre erste Station der Grand Tour.

»Opa, was haben denn die roten Mottenkugeln und der Pelzmuff bei den Bauten von Mies in Joschis Koffer zu suchen?«, fragt Mia etwas irritiert.

»Ach ja! Das führt uns gleich zu dem nächsten Superprojekt von Mies. Lucas, gib doch schon mal ›Villa Tugendhat‹ ein«, entgegnet Opa schon ganz gefangen in dem neuen Arbeitsfluss.

»Wow, was für ein Schlitten«, kommt es von Lucas rüber, »da lassen sich ja ganze Wohnzimmerfenster ohne Kante nahtlos elektronisch in den Boden versenken. Und wieder solche Wahnsinnsmarmorscheiben mit schillernden Stahlsäulen davor.«

»Ja, Mies hat sein neues Konzept von dem Messepavillon 1:1 auf ein modernes Wohnhaus übertragen, das war damals wirklich spektakulär!«, ruft Opa vom Boden hoch. »Und der Muff: Der stammt noch von den Hauseigentümern. Es war eine wohlhabende jüdische Familie mit alteingesessenen Textilfabriken und Pelzhandel. Mies hatte Frau Tugendhat, damals noch Frau Löwe-Beer, schon 1928 in Berlin kennengelernt, bevor er 1929 den Auftrag für die Villa erhielt. 1938 sind die Tugendhats dann vor den Nazis geflohen und in die Schweiz ausgewandert. Das Haus hat eine verrückte Geschichte durchgemacht, wurde umgebaut und auch als

Sanatorium genutzt, bevor es so wiederhergestellt wurde, wie es mal war. Dabei hat man den Spruch von Mies ›Der liebe Gott steckt im Detail‹ wirklich sehr wörtlich genommen.«

»Oh, da muss ich unbedingt hin!«, wirft Mia ein, die jetzt völlig begeistert ist von der bis aufs Letzte durchdachten Architektur Mies van der Rohes.

»Und ich habe noch ein paar Briefe und Skizzen von Mies an Joschi wegen des Hauses gefunden!«, ruft Opa. »Er schien den Fähigkeiten des örtlichen Bauunternehmers nicht ganz getraut zu haben. Na, da haben wir auch für Brno einiges im Koffer beisammen«, sagt er zufrieden.

»Opa, jetzt wird es aber wirklich skurril! Schon wieder Stoff bei Mies!«, ruft Mia und hält zwischen zwei Fingern eine etwas in Jahre gekommene rote Seidenkrawatte vom Körper weg.

»Tja, viele Auftraggeber von Villen waren damals eben reiche Textilfabrikanten …«, lächelt Opa. »Ich glaube, die Krawatte hatte Joschi aus Krefeld, wo er mit Mies an den Wohnhäusern für zwei Direktoren einer

großen Seidenfabrik mitgewirkt hatte. Das waren die Herren Lange und Dr. Esters. Alles nicht ganz so aufregend wie im tschechischen Brno. Die Auftraggeber hatten Mies nicht so richtig freie Hand gelassen bei seinen Ideen. Aber Fenster zum Runterkurbeln gab es auch schon hier.«

»Aber auch die Mechanik sieht in Brno viel raffinierter aus als in Krefeld«, kommentiert Lucas etwas unwirsch. Warum möchte Opa überhaupt diese beiden, im Vergleich mit Barcelona und Brno, nicht so perfekten Häuser besuchen, fragt er sich im Stillen.

»Apropos, zurück zur Seide«, fällt Opa ein, »Mies hatte beim Arbeiten eine Partnerin, Lilly Reich. Sie war spezialisiert auf Stoffe und fließende Räume und beide haben zusammen irre Einrichtungen ausgeführt, zum Beispiel das Café ›Samt und Seide‹ bei einer Modeausstellung. Dazu finde ich bestimmt auch noch etwas.«

Bei ihren kleinen Recherchen, was heute in Krefeld los ist, kommen Mia und Lucas kaum noch mit, so sprudelt es aus Opa raus.
»Und hier ist noch ein Grundriss von einem Haus am See«, sagt Opa nachdenklich. »Interessant, wie das Haus wie ein ›L‹ um die Ecke geht, wie weit Wohnen und Schlafen getrennt sind, wie sich alles auf den See und den Garten bezieht.«
»Opa, wie heißt das Haus?«, fragt Mia dazwischen.
»Haus Lemke am Obersee, Berlin, steht hier. Ach ja, das ist Mies' letzte Villa, die er noch in Deutschland gebaut hat. Auch aus Backstein wie die Krefelder Häuser.«
»Mich erinnert es ein bisschen an die kleinen L-förmigen Häuser in Dessau, die neben den Laubenganghäusern geplant waren und dann nicht gebaut wurden«, stellt Mia fest.
»Ja, mit dem Architekten dieser kleinen Häuser, Ludwig Hilberseimer hieß er, hatte Mies am Bauhaus und später hier in Chicago und Detroit sehr eng zusammengearbeitet«, ergänzt Opa.
»Haus Lemke ist heute ein absoluter Hotspot für zeitgenössische Kunst. So steht es jedenfalls hier«, fügt Mia mit Blick auf ihren Monitor hinzu und macht einen Screenshot von der Seite mit den Kontakten.
»Boa !«, tönt es von dem Barcelona-Sessel unter dem Panoramafenster, wo Lucas sitzt und sein iPad auf dem Schoß hat.
Opa und Mia schauen auf. Lucas hat sich mittlerweile durch das Farnsworth House gegoogelt und ein paar Filmchen angesehen.
»Da müssen wir hin! Das Farnsworth House ist wirklich, wirklich der

Hammer! Echt krass. Hört mal, was die Auftraggeberin Edith Farnsworth über Mies und das Haus gesagt hat: ›Das Haus ist durchsichtig wie ein Röntgenbild … Die Glas-Stahl-Konstruktion ist unbewohnbar. Mies spricht vom offenen Raum, aber der Raum ist sehr festgelegt. Ich kann nicht einmal einen Kleiderbügel im Haus aufhängen, ohne mich zu fragen, wie das den Blick von außen verändert. Jede Umstellung von Möbeln wird zum Problem …‹ und so weiter und so fort geht es gegen Mies. Und heute gehört dieses Haus zu den bedeutendsten Denkmälern der USA, steht hier auch noch. Was war denn da los?«

In dem Moment klackt das Schloss. Dana und Georg kommen von ihrer Tour zurück und schütteln die Regenjacken aus.

»Hallo, alles gut bei euch?«, rufen sie in den Raum. »Wir haben euch auf

dem Rückweg als Abschiedsessen eine Kleinigkeit von Portillo mitgebracht.«

Opa schaut auf die Uhr. O ja, der Tag ist einfach so an ihnen vorbeigezogen. Und die Frankfurter müssen ja auch schon bald zum Airport.

»Kinder«, sagt er, »toll, wie ihr das mit der Tour gemacht habt. Ich bin dabei! Wir essen in der Küche. Lasst alles liegen. Ich räume unsere Sachen später so zusammen, wie wir es ausgesucht haben. In den nächsten Tagen bespreche ich eure Idee der Grand Tour mit dem Bundesverband in Deutschland und ihr schickt mir alle Kontakte der Häuser, die ihr heute abgespeichert habt. Das wird eine tolle Tour! Und Lucas, das Farnsworth House ist nur ein bisschen mehr als eine Autostunde von hier entfernt. Das schauen wir uns mit Freunden und ein paar Experten im Sommer gemeinsam an! Und vielleicht können wir dann dort im Fox River auch ein paar schöne Forellen für ein Lagerfeuer am Abend fangen.«

Nun sind Georg und Dana dran und sie berichten von dem bunten Markttreiben in der Randolph Street und was sie für Rhoda mitgebracht haben. Es ist ein kleiner gerahmter, herrlich vergilbter Kupferstich von Chicago. Lange bevor die Lake Shore Apartments errichtet wurden. Sie wissen, ihre Mutter liebt solche alten Stadtansichten.

Nun müssen sie aber auch los Richtung Flughafen Chicago O'Hare. Lucas ist hin- und hergerissen: einerseits etwas traurig, dass die Reise nun fast vorbei ist. Aber andererseits freut er sich auch darauf, noch einmal kurz vor Sonnenuntergang mit der CTA Blue Line quer durch die Stadt zum Airport fahren zu können, und natürlich freut er sich auf Frankfurt, auf Anna.

Am Airport müssen alle nochmals herzlichst lachen, als Oma und Opa mit ihren wehenden grauen Haaren ihre Taschentücher zum Winken aus den Taschen ziehen. Alle, auch Oma und Opa, erinnern sich spontan an die letzte Szene des Films »Wo wohnen alte Leute?«, den sie an ihrem ersten gemeinsamen Tag in Chicago gesehen haben.

Die Rosensteins

Esther Rosenstein
geboren am 22. September 1862
und gestorben am 1. Februar 1933 in Frankfurt am Main und
David Rosenstein
geboren am 15. April 1857 und gestorben am 13. März 1932
in Frankfurt am Main

Ihr Leben gehörte ganz der Firma! Bereits in der dritten Generation betrieb die Familie ihr Unternehmen ›Rosenstein-Zement‹. Neben dem Firmengelände in Frankfurt am Main errichteten Esther und David eine große Villa. Sie hatten nur ein Kind, Josef. Auf ihm lag ihre ganze Hoffnung für die Zukunft des Familienbetriebs.

Josef ›Joschi‹ Rosenstein
geboren am 16. Januar 1902 in Frankfurt am Main
gestorben am 25. Juli 1978 in Chicago

Josef, von allen nur Joschi genannt, wuchs in der wunderschönen Villa der Eltern auf. Der Erste Weltkrieg veränderte alles im Land. Die Firma lief nicht mehr gut. Schon mit 20 Jahren musste Joschi die Leitung übernehmen. Er hatte Glück: Neue Häuser aus Beton, Stahl und Glas wurden modern. ›Rosenstein-Zement‹ war gefragt wie nie. 1936 wurde es Joschi unter den Nazis unheimlich. Er wanderte aus und verliebte sich kurz nach der Ankunft in New York unsterblich in Adelaine.

Adelaine ›Adda‹ Rosenstein, geb. Rockefeller
geboren am 14. März 1908 in New York
gestorben am 25. Januar 1982 in Chicago

Adda kam aus einem sehr reichen Haus.
In dem Familienimperium leitete sie eine Stiftung,
die erstmals moderne Kunst in den USA förderte.
Am 21. Dezember 1937 heirateten Adda und Joschi über den Dächern
von New York im 102. Stock des Empire State Buildings.
Mit Adda an der Seite wagte Joschi den Neubeginn
von ›Rosenstein-Zement‹ in den USA.
Den Betrieb in Frankfurt hatten die Nazis enteignet.

Maria Ludwig Rosenstein

geboren am 20. Mai 1939 in New York

Maria Ludwig? Mädchen oder Junge? Alle nennen ihn nur Ludwig. Den Namen gaben ihm Adda und Joschi als Ausdruck ihrer Freundschaft mit dem großen Bauhaus-Architekten Maria Ludwig Mies van der Rohe. Als Ludwig zwölf Jahre alt war, zog die Familie nach Chicago in ein spektakuläres Hochhaus dieses Architekten. Im selben Jahr nahm Joschi Ludwig mit auf eine Reise durch Deutschland zu alten Bauhaus-Freunden. Die kaputten Städte aus dem Zweiten Weltkrieg machten Ludwig sprachlos. Aber das alte Firmengelände und die Villa in Frankfurt gab es noch und Ludwig fasste einen Entschluss.

Daniela ›Dana‹ Rosenstein, geb. Stern
geboren am 19. April 1936 in Tel Aviv

Ludwig konnte seinen Vater überzeugen, das Werk in Frankfurt wieder zu übernehmen. Jetzt hieß die Firma ›Rosenstein-Zement. Chicago-Frankfurt. Anerkannt & bewährt!‹ Mit 25 Jahren ging Ludwig ganz nach Frankfurt. Während der Frankfurter Buchmesse lernte er die Journalistin Dana bei einem Vortrag über die Weiße Bauhaus-Stadt Tel Aviv kennen. Bereits im Jahr darauf heirateten sie und Dana zog von Tel Aviv nach Frankfurt.

Georg Rosenstein
geboren am 02. Mai 1974 in Frankfurt am Main

Danas und Ludwigs Sohn Georg wuchs wieder – wie einst sein Großvater Joschi – in der alten Villa der Familie auf. Seine Eltern erzählten ihm viel von den Neuen Häusern zu Großvaters Zeiten und wie mit ihnen die Welt verbessert werden sollte. Georg wurde nachdenklich. Nichts davon gab es draußen mehr zu sehen. Frankfurt, das Bankfurt, Junkfurt und Gestankfurt, war nur schäbig und schräg. 2004 übertrugen Dana und Ludwig die Geschicke der Firma an Georg. Sie zog es wieder in das Apartment der Familie am Michigansee in Chicago.

Rhoda Rosenstein, geb. Goldmann
geboren am 08. Mai 1970 in Frankfurt am Main

2005 bei dem Neujahrsempfang der Deutschen Bank lernten sich Georg und Rhoda kennen. Georg faszinierte, wie Rhoda in ihren Gesprächen bei Sekt und Nachos ganz locker mit Zahlen und Tabellen jonglierte. Und Rhoda war baff, wie Georg trotz der großen Konkurrenz auf dem Weltmarkt den Familienbetrieb ›Rosenstein-Zement‹ weiterhin erfolgreich führte. Wenig später verlobten sie sich bei einem Frühstück in dem traditionellen Hotel ›Frankfurter Hof‹, wo sich auch Joschi in den 1920er Jahren sehr gerne aufhielt.

Mia Rosenstein
geboren am 30. September 2007 in Frankfurt am Main

Als Mia geboren wird, heiraten Rhoda und Georg. Mia kommt ganz nach ihrer Mutter. Schon zu Kita-Zeiten begeistern sie die Zahlenreihen von Excel-Tabellen und außergewöhnliche Naturphänomene mehr als Sandburgen und Förmchen.

Lucas Rosenstein
geboren am 22. Oktober 2009 in Frankfurt am Main

Zwei Jahre nach Mia kommt Sohn Lucas zur Welt. Anders als Mia faszinieren Lucas mehr die Eigenschaften von Material und wie Gegenstände konstruiert sind. Er möchte die Welt als Ingenieur vermessen. Besonders die Geschichte der Eisenbahn hat es ihm angetan.

Grand Tour der Moderne

100 jahre bauhaus

Die Grand Tour der Moderne wird gefördert von der Beauftragten der Bundesregierung für Kultur und Medien aufgrund eines Beschlusses des Deutschen Bundestages sowie durch das Land Sachsen-Anhalt und den Freistaat Thüringen.

Die Beauftragte der Bundesregierung für Kultur und Medien

SACHSEN-ANHALT

Freistaat Thüringen

Dieses Buch entstand in Zusammenarbeit mit der Bauhaus Kooperation Berlin Dessau Weimar gGmbH 2019

1. Auflage 2019

ISBN 978-3-446-26352-9

Umschlag: Kitty Kahane, Berlin
Gestaltung und Satz: Dominique Kahane
Druck und Bindung: CPI books GmbH, Leck

Printed in Germany

MIX
Papier aus verantwortungsvollen Quellen
FSC® C083411
FSC www.fsc.org

Brno

VILLA TUGENDHAT 1929 - 1930

49°12'25.763"N 16°36'57.859"E

BARCELONA PAVILLON 1929

41°22'14"N, 2°9'0"O

Barcelona

Plano

FARNSWORTH HOUSE 1950 - 1951

41°38'6"N, 88°32'9,6"W